EMOZIONI E SENTIMENTI PER VIVERE BENE
Autore: Mario De Cesare

BIBLIOGRAFIA E SITOGRAFIA

PRESENTAZIONE

Ecco, mi presento: sono Mario De Cesare e ho conseguito le lauree in Infermieristica e in Assistenza Sanitaria e un Master in Counselling e Coaching Skills, presso l'università Carlo Bo di Urbino.

Sono anche operatore olistico, Coach e Counsellor, regolarmente iscritto al Registro Nazionale Coach Professionisti.

Da circa 40 anni mi occupo di prevenzione.

Precedentemente ho pubblicato, sempre ne "Il mio libro": "Affettività, una via per la felicità", anno 2012, "La deglaciazione: catastrofe in atto" 2013 , "Yoga della risata, ridere con felicità e salute...." 2017.

Tutte le emozioni servono e sono utili alla nostra promozione personale e sociale; hanno meccanismi di azione precisi e facilmente comprensibili.

Solo in particolari circostanze esse diventano fonte di preoccupazione, disagio e malattia.

Questa piccola guida illustra il tema con facilità, in modo che i lettori e le lettrici si ritrovino nuovamente bene con sè stessi e con le proprie emozioni.

1.0 ADATTAMENTO ED EMOZIONI A PARTIRE DALLA VITA INTRAUTERINA

In ogni giorno della nostra vita, ognuno di noi si "adatta" agli eventi più o meno favorevoli del quotidiano e se siamo resilienti, viviamo bene, questo accade naturalmente e con semplicità, giorno per giorno.

Tutto ciò ha inizio con una corretta e adeguata percezione e nel concreto, con ciò di quanto il nostro sistema neuro-psicologico ci consente di percepire e vivere, talvolta con piena

consapevolezza e talvolta con una presenza minore e diversa.

Questo adattamento inizia già quando siamo in utero e le caratteristiche biologiche e psicocomportamentali dei nostri genitori influenzeranno grandemente anche ciò che saremo noi in futuro.

Il punto di partenza sono perciò gli organi di senso e le percezioni endogene dell'organismo, da lì i sistemi afferenti porteranno gli stimoli al cervello per le necessarie elaborazioni e risposte.

Tutte le emozioni hanno origine da stimoli esterni o interni e sono in genere una reazione positiva di adattamento dell'organismo che produce reazioni psicosomatiche, che possono essere caratterizzate da:

- Accelerazione o rallentamento del movimento,
- Distanziamento o aggressività,
- Ripiegamento in sé stessi o estroversione,
- Accellerazione o rallentamento del respiro e del battito cardiaco,
- Cambiamenti nella percezione di sé stessi, degli altri dell'ambiente,
- Stato di profondo piacere e rilassamento,
- Eccitazione fisica e sessuale,
- Aumento o diminuzione dell'appetito,
- Incremento o riduzione del sonno.

L'elenco non è esaustivo, ma credo che ognuno di voi un po' di queste situazioni le abbia sperimentate.

Quali utilità hanno le emozioni? Esse servono a farci muovere verso un cambiamento, etimologicamente il termine deriva da: ex + movere, che indica l'andare verso; quindi modificare il nostro comportamento attuale verso un altro che può essere anche diverso e utile.

2.0 COME E PERCHE' ACCADE?

Ogni organismo umano è reattivo agli stimoli, che possono provenire dall'esterno o anche da sé stessi.
Il sistema nervoso centrale e periferico processano le informazioni e producono ormoni e neurotrasmettitori che danno origine alla risposta psicologica e comportamentale della persona; tutto ciò in accordo, sia alla situazione del momento che rispetto agli apprendimenti e condizionamenti precedenti.
Il primo strumento utile è perciò il riconoscere quali siano le emozioni più diffuse, le loro caratteristiche e la loro utilità e come imparare a gestirle.

3.0 GLI STUDI SULLE EMOZIONI: DA IPPOCRATE A DARWIN.

Gli esseri umani appartengono alla specie animale e come tali hanno una vita sociale e relazionale che è influenzata dalle emozioni.

Uno dei primi a scrivere delle emozioni fu Ippocrate di Kos (medico greco, V-IV sec. A. C.).

Ippocrate fu il primo ad elaborare una teoria "umorale" delle malattie, con la quale ipotizzò che le malattie derivassero da squilibri umorali di 4 umori presenti nell'organismo: bile gialla, bile nera, flegma e sangue.

Egli giunse così ad una suddivisione dei soggetti osservati in 4 tipologie umorali/comportali così meglio definiti:

malinconico, collerico, flemmatico, sanguigno, descritti di seguito:

Il malinconico, soffrendo di eccesso di bile nera, si presentava solitamente come: magro, debole e tendenzialmente triste.

Il collerico, avendo eccesso di bile gialla, si presentava solitamente con aspetto asciutto e irascibile.

Il flemmatico, avendo eccesso di flemma, si presentava come: beato, lento, pigro e sereno.

Il sanguigno, avendo eccesso di sangue si rivelava solitamente come allegro e giocoso.

Gli organi "chiave" individuati da Ippocrate erano:

- bile nera/milza
- bile gialla/fegato

- flegma/testa
- sangue/cuore

Passeranno diversi secoli, prima che un altro autore/ricercatore dica altre cose sulle emozioni e così arriviamo al 1872, anno in cui Charles Darwin pubblicò: "L'espressione delle emozioni nell'uomo e negli animali".

Darwin identificò le 6 seguenti emozioni fondamentali, che sono condivise da uomini, primati e altre specie:

- Sorpresa: può scaturire da un evento inaspettato, al quale possono anche seguire la paura e la gioia,
- Paura: emozione che è dominata dall'istinto e che solitamente è finalizzata al garantire la sopravvivenza della persona ad una situazione che è percepita come pericolosa/rischiosa,
- Rabbia, che solitamente è generata da frustrazione e può manifestarsi anche con aggressività,
- Disgusto, è una risposta di "repulsione" con rifiuto-rigetto e con espressioni facciali tipiche,
- Tristezza: si verifica di solito rispetto ad una perdita/lutto o ad uno scopo non raggiunto,
- Gioia: stato d'animo positivo di chi ritiene pienamente soddisfatti tutti i suoi desideri del momento.

Queste 6 emozioni sono le emozioni "fondamentali" per la specie umana, sono universali, transculturali e appartengono ad ogni umano vivente nel pianeta.

Le 6 emozioni fondamentali, hanno le seguenti caratteristiche:

- hanno effetti neurofisiologici e funzionali precisi,
- hanno una durata breve,
- hanno un'intensità (forza) variabile,
- non si scelgono, accadono e basta, dentro di sé,
- a volte, non se ne è consapevoli,
- influenzano significativamente i comportamenti,
- anche i bambini piccoli le utilizzano e le esprimono,
- sono riconoscibili in ogni essere umano attraverso le espressioni: facciali, della voce, del corpo.
- sono transculturali: vengono cioè espresse da ogni essere umano al di là delle differenze culturali.

3.1 ALTRI STUDI E TEORIE

Dal V secolo A.C. ad oggi le ricerche sulle emozioni nei fatti non si sono mai interrotte e aggiungiamo quanto segue:

1927 teoria "diencefalica" di Cannon Bard: secondo questi due ricercatori, lo stimolo emotigeno, che può essere un qualsiasi evento, un'espressione del volto, un particolare tono di voce, viene elaborato in prima istanza dai centri sottocorticali dell'encefalo, in particolare dall'amigdala, che riceve l'informazione direttamente dai nuclei posteriori del talamo (via talamica o sottocorticale) e provoca una prima reazione autonoma e neuroendocrina che ha la funzione di mettere in allerta l'organismo.

In questa fase l'emozione determina diverse reazioni somatiche: ad esempio può aumentare o ridurre la frequenza cardiaca, come anche la frequenza respiratoria, può esserci incremento della sudorazione, aumento o diminuzione della tensione muscolare e della pressione sanguigna.

Lo stimolo emotigeno viene poi inviato contemporaneamente dal talamo alle cortecce associative, dove viene elaborato in maniera più lenta ma più raffinata; a questo punto intervenendo anche i processi di valutazione, verrebbe emessa la risposta più adatta alla situazione, soprattutto tenendo conto delle "regole di esibizione" appartenenti al proprio ambiente culturale.

Tutte le emozioni sarebbero quindi inizialmente "inconsapevoli"; solo successivamente noi riusciamo a definire/decifrare l'emozione che può diventare un sentimento, cioè un modo del sentire.

1980 modello di Robert Plutchik:

Plutchik elabora un modello funzionale chiamato "ruota delle emozioni" o "cono delle emozioni" che è costituito da quattro coppie di opposte di emozioni primarie:

-rabbia e paura,

-tristezza e gioia,

-sorpresa e attesa,

-disgusto e accettazione,

mescolandosi tra di loro, queste quattro coppie possono dar luogo ad una infinita varietà di emozioni derivate.

2008 Paul Ekman: questo psicologo Statunitense torna sulle tracce di Darwin e va in un villaggio in Papua-Nuova Guinea dove studia le modalità espressive dei Fore, una popolazione isolata e pre-letteraria.

Alle 6 emozioni fondamentali identificate da Darwin ne aggiunge una settima, il Disprezzo, che consiste in un sentimento e atteggiamento di totale mancanza di stima e sdegno/rifiuto verso persone e cose che vengono considerate prive di dignità morale e o intellettuale.

Alle 7 emozioni fondamentali egli aggiunge le seguenti emozioni secondarie, che si originano dalle combinazioni tra emozioni primarie e si sviluppano con l'individuo, nel corso delle sue interazioni sociali.

Sono le seguenti:

- allegria: sentimento di piena e viva soddisfazione dell'animo,
- ansia: emozione che si sperimenta al prefigurarsi di un pericolo ipotetico, futuro e distante,
- invidia: esperienza nella quale l'individuo vive ed esprime il desiderio di avere ciò che un altro possiede,
- vergogna: esperienza che si può provare trasgredendo a regole sociali,
- rassegnazione: disposizione d'animo di chi accetta pazientemente un dolore, una sfortuna.
- gelosia: emozione che deriva dalla paura di perdere un affetto ritenuto appartenente al soggetto,
- speranza: è la tendenza a ritenere che fenomeni o eventi siano gestibili e controllabili; peciò indirizzabili anche verso esiti sperati e vissuti come migliori,
- perdono: sostituzione delle emozioni negative che seguono ad un'offesa percepita (es. rabbia, paura), con delle emozioni positive (es. empatia, compassione),
- offesa: è un danno morale che si arreca ad una

persona con atti o parole,

- nostalgia: stato di malessere che è causato di un acuto desiderio di un luogo lontano, di una cosa o persona assente o perduta, di una situazione finita che si vorrebbe rivivere,

- rimorso: è uno stato di pena, sofferenza, turbamento psicologico che viene sperimentato da chi ritiene di avere tenuto comportamenti o azioni contrarie al proprio codice morale,

- delusione: stato d'animo di tristezza che è provocato dalla constatazione, che le aspettative, le speranze coltivate non hanno riscontro nella realtà.

4.0 AUTOSTIMA

Prima di proseguire nella descrizione delle emozioni, è utile che scriva dell'autostima, che è importante e utile alla positiva realizzazione di Sè e alla comprensione delle proprie e anche altrui emozioni (empatia).

L'autostima (o autoapprezzamento) è un processo cognitivo continuativo che consente all'individuo di valutare e apprezzare sé stesso tramite l'approvazione del proprio valore, mediante l'autopercezione e anche con l'apprezzamento che si riceve da parte degli altri e soprattutto "altri significativi": genitori, parenti, insegnanti, guide spirituali, mentori, partners.

E' l'insieme dei giudizi valutativi che la persona da di sé stesso.

Nelle varie definizioni di autostima, spesso ricorrono i seguenti fattori:

•La presenza nella persona di un sistema che consenta di auto-osservarsi e di auto-conoscersi,

•L'aspetto valutativo, che permette una autovalutazione di sé stessi,

•L'aspetto affettivo, che abilita a considerare e valutare in modo positivo o negativo gli elementi descrittivi.

Nel costituire il processo di autostima, entrano in gioco due fattori: il sé reale e il sé ideale.

Il sé reale consiste nella valutazione oggettiva delle proprie potenzialità e corrisponde a come realmente siamo.

Il sé ideale corrisponde a come l'individuo vorrebbe essere.

L'autostima deriva dal risultato del confronto tra i due fattori.

Più sono vicini e corrispondenti saranno sé reale e sé ideale e più alta sarà l'autostima.

Compostezza,

Contentezza,

Leggerezza,

Pace nella mente,

Pazienza,

Riconciliazione, con sè, con gli altri, con il vivente,

Tranquillità.

5.3 LA PAZIENZA

Nella teologia cattolica e anche in psicologia, la pazienza è una delle virtù utili a gestire adeguatamente: ansia, attesa, temporanee frustrazioni, disagi, sfortune e dolori; essa è rafforzativa nel prendere il tempo necessario per raggiungere le mete desiderate e per l'autostima. La pazienza è anche capacità di accettazione, con flessibilità e tolleranza; per taluni versi è anche un antidoto alla facile irritabilità del perfezionista.

Chi è dotato di pazienza affronta le avversità con animo sereno, e tranquillità, gestendo le proprie emozioni e perseverando nella propria azione.

La pazienza aiuta ad aspettare con calma.

La pazienza ha a che fare anche con la resilienza, perchè consente di sopportare il dolore senza lamentarsi. Etimologicamente il termine deriva dal latino volgare e dal greco: pathòs, che indica dolore corporale e spirituale. Il dolore può essere anche non soltanto fisico ma puramente emotivo/spirituale.

Esiste anche un motto popolare che è certamente una sintesi di quanto ho fin qui descritto: "la pazienza è la virtù dei forti".

La pazienza è anche un sentimento che consente di evitare immotivati o esagerati "sbotti" di rabbia e collera.

Nelle relazioni interpersonali, la persona che si manifesta come immotivatamente impaziente, può essere fonte di disagio per le persone calme e serene che potrebbero reagire a tale comportamento, sia con distanziamento che con autorevolezza cercando di contenere l'impazienza.

L'esito in entrambi i casi è di disagio e nel secondo potrebbe anche esserci conflitto.

Le tecniche di training autogeno, di meditazione e la mindfulness, possono aiutare nel riscoprire e praticare la pazienza.

Riportiamo ora un aforisma del celebre Tommaso Moro:

"Che io possa avere la forza di cambiare le cose che posso cambiare, che io possa avere la pazienza di accettare le cose che non posso cambiare, che io possa avere soprattutto l'intelligenza di saperle distinguere."

6.0 EMOZIONI E SENTIMENTI AL PLURALE: L'AMORE

La parola "amore" è un termine assai ricco che indica una pluralità di emozioni, sentimenti e atteggiamenti diversi, che possono manifestarsi con la vicinanza personale ed emotiva reciproca del semplice affetto (es. amo i miei familiari, amici, parenti) o anche cono coinvolgimento fisico ed emotivo più intenso, come nelle relazioni affettivo/erotiche.

L'amore si manifesta anche come virtù umana nella gentilezza e nella compassione (alleviare le altrui sofferenze), espressione dell'agire benevolo verso tutti i viventi.

Le prime persone dalle quali i bambini ricevono amore e iniziando a sperimentarlo lo definiscono, sono i genitori e ciò accade soprattutto nel corso delle esperienze di attaccamento, che influenzeranno poi i comportamenti delle persone anche in età adulta.

Per tutti i motivi che ho descritto, il primo luogo in cui la persona adulta può motivatamente descrivere e cercare l'amore è sè stesso interpellando i sensi e l'esperienza dell'amor proprio, che non è solo individualista, ma che coinvolge anche il sè, l'altro e gli altri, estendendo i benefici desiderati e praticati per sè anche ad altri della propria specie ai quali si è legati con maggiore o minore intensità affettivo/relazionale.

A partire dall'amor proprio, l'amore può poi estendersi verso ogni manifestazione del vivente e dell'esistenza, assumendo anche aspetti e comportamenti: generativi, innovativi, di cura e accudimento, di generosità e altruismo.

L'amore è.... anche riportare alcune riflessioni non esaustive di quanto possa esserci in questo sentimento umano, suscitano emozioni amorevoli:

Accettare noi stessi,

Accettare la diversità di altri da me,

Aiutare quando necessario,

Cercare il lato buono del vivere,

Condividere equamente e con rispetto,

Essere a proprio agio con gli altri, contenendo il proprio Ego,

Dare spazio e opportunità a tutti di crescere e migliorarsi,

Lasciare andare il passato,

Prendersi cura di sè stessi e di altri,

Rispettare chi ci è prossimo,
Sentire empaticamente le gioie e i dolori di chi ci è vicino,
Trattare noi stessi e ogni altro con gentilezza.

7.0 APPROFONDIMENTI SULLE EMOZIONI E SUI SENTIMENTI

La psicologia contemporanea valorizza adeguatamente l'importanza delle emozioni nei processi mentali, affettivi e decisionali, ma rimane anche il fatto che: la cultura, le conoscenze e le competenze diffuse al largo pubblico sul tema in esame, sono a tutt'oggi povere, quindi proseguiamo in questa esplorazione arricchente.

Una saggia gestione emotiva comporta quanto segue:

- Che si sappia riconoscere ciò che si sta sperimentando/vivendo e quali comportamenti a volte anche "automatici" e reattivi stiamo mettendo in atto.

- Nominare l'emozione sperimentata, e comprendere perché la stiamo vivendo,

- Imparare ad accettare emozioni e sentimenti senza giudicarli, semplicemente accadono.

- Sostituire ad una risposta "automatica" immediata, se ritenuta errata ad una consapevole,

- Accettare quanto accade se non si può risolvere diversamente,
- Condividerle con altre persone di fiducia in modo appropriato e anche riservato.

Date queste indicazioni "di massima" che potete migliorare a vostro piacimento, proseguiamo la disamina di alcune tra le diverse emozioni e sentimenti.

7.1 LE SETTE EMOZIONI FONDAMENTALI

Ora proseguiremo nel descrivere le 7 emozioni fondamentali, come definite da Paul Ekman: sorpresa, gioia, rabbia, tristezza, paura, disgusto e disprezzo.

7.1.1 SORPRESA

La sorpresa ha una sua propria manifestazione facciale nello stupore, con occhi "spalancati" è un'emozione solitamente piacevole che accade quando ci si trova davanti ad un evento imprevisto e inaspettato.

Un regalo, un complimento e un riconoscimento inaspettato hanno il sapore della sorpresa. Può peroò accadere la stessa cosa anche per eventi spiacevoli, quali: scoprire un furto in casa o un amante non desiderato nel proprio letto.....

La sorpresa di solito dura pochi istanti ed è seguita da paura o gioia a seconda dei casi.

7.1.2 GIOIA

E' un altra delle sei emozioni fondamentali con una propria espressività espansiva e sorridente del viso, con sorriso anche a bocca totalmente aperta e radioso, allegrezza e contentezza. E'caratterizzata da piacere e

soddisfazione e si manifesta quando un fine, più o meno percepito, viene raggiunto o un desiderio trova appagamento. E' uno stato di festosità interiore ed esteriore, del quale è partecipe tutto l'organismo, ormoni e neurotrasmettitori inclusi.

Spesso la gioia viene celebrata in festeggiamenti sociali, ad esempio nei matrimoni, al termine di cicli di studi, al conseguimento di risultati di promozione personale e sociale.

7.1.3 COLLERA/RABBIA

Il fatto di sentirsi temporaneamente "incazzati" è una esperienza comune e assai diffusa.

Di solito è una reazione furente, anche istintiva e immediata, contro persone e situazioni.

I sinonimi sono: ira, furore, rabbia, corruccio e rancore.

E' una delle emozioni umane originarie e presente in tutti il viverla comprende le esperienze di: disapprovazione, ostilità, indignazione e esasperazione, che sono rivolte verso qualcuno o qualcosa.

Alcuni possono essere o rendersi inibiti nell'esprimere la collera.

Alcuni tra i sintomi fisici che la accompagnano possono essere: depressione, ipertensione arteriosa, emicrania, ulcera gastrica e insonnia.

I condizionamenti educativi che inibiscono la collera, spesso li apprendiamo quando siamo bambini piccoli, dai genitori e anche nelle istituzioni scolastiche e così impariamo a negarla o a reprimerla.

La collera repressa e non elaborata, da origine a disturbi psicosomatici e riduce le possibilità di adattamento positivo, toglie delle chance di miglioramento/cambiamento e fa sentire "inautentici".

La collera repressa può anche portare ad improvvisi "sbotti emotivi" incontrollabili e sovradimensionati rispetto al necessario.

Quando siamo in disaccordo o siamo frustrati in una relazione, la via salutare per noi e la relazione stessa è esprimerci con autenticità.

7.1.4 DOLORE PER LA PERDITA E TRISTEZZA

E' un dolore a cui vanno incontro inevitabilmente tutti gli esseri umani a qualsiasi età e in genere si adattano, superando il trauma temporaneo e evolvendo nell'esistenza grazie alla consapevolezza del non attaccamento.

Diversi eventi, oltre all'usuale lutto per una persona cara, possono essere vissuti come perdita e lo sono: disoccupazione, divorzio, recessione di carriera, allontanamento di un genitore, dei figli o di un amico, l'assenza

di fertilità e di figli in una coppia e continuando per i beni materiali:

la perdita di proprietà, e connessa, la perdita di prestigio sociale.

Perché accusiamo il senso della perdita? E' una questione correlata al nostro Sé in quanto la percezione del nostro Sé è collegata a persone e oggetti affettivi con i quali siamo in relazione e la perdita ci consente di percepire il cambiamento, di accettarlo e superare il lutto.

Il senso della perdita dipende anche da quanto alti e importanti sono stati per noi gli investimenti affettivi e l'importanza della relazione che viene a mancare, perciò ne soffriamo, con senso di vuoto, disagio e temporaneo disadattamento.

Le perdite umane hanno spesso come corollario la tristezza, che è un sentimento contrario alla gioia e alla felicità, con umore rabbuiato e depresso, scarse energie psico-fisiche, rallentamento ideo-motorio, ricorso al pianto, carenza di nergie e investimento esistenziale.

La tristezza è una delle emozioni fondamentali che ha una propria rappresentazione facciale, nella quale tutto il viso comprese le sopracciglia è cadente, ci si lascia andare e anche la muscolatura è flaccida e gli occhi sono anche socchiusi e lacrimanti.

Se la tristezza è limitata e circoscritta ad eventi brevi e specifici è fisiologica, invece se perdura a lungo nel tempo, significa che è sfociata in depressione.

La tristezza ha diverse cause originarie e diversa intensità a seconda dei motivi che causano infelicità, insoddisfazione, frustrazione: si può essere tristi perchè non si è superato un esame, perchè un amico o una persona cara non si è presentata ad un appuntamento, perchè è saltata una vacanza, perchè si è scoperto di essere ammalati o perchè un partner ci ha deluso o tradito ecc.... Perciò detto questo e a seconda delle varie circostanze, ci si può sentire solo....un po' giù di corda, oppure infelici o anche disperati.

Le risorse utili a vivere bene gli eventi anche avversi, vanno dal semplice aiuto e sostegno morale che possono dare famigliari e amici, al sostegno dei gruppi di auto-mutuo-aiuto (molto diffusi e spesso gratuiti quelli sull'elaborazione dei lutti), fino alla psicoterapia e alla farmaco-terapia antidepressiva, a secondo del bisogno.

7.1.5 PAURA

La paura è una delle mozioni fondamentali che è comune a uomini e animali, nelle sue manifestazioni normali è utile alla sopravvivenza, ad esempio se guidiamo su una strada di montagna stretta e priva di guard rail, una sana apprensione ci fa guidare lenti e con prudenza.

Fatte salve situazioni simili a questa, nelle quali la valutazione corretta del rischio ci fa essere prudenti, esistono poi diverse gradazioni della paura, che possono essere normali e anche espressione di disagio e malattia che per intensità, partono dal semplice timore e per incremento diventano: timore, apprensione, preoccupazione, inquietudine, esitazione, ansia, terrore, fobia e panico.

7.1.5.1 TIMORE

Il timore è uno stato d'animo temporaneo vigilante e sospetttoso di chi considera la possibilità dell'arrivo di un evento triste, dannoso, doloroso, sfavorevole e spiacevole.
Il contrario del timore è la speranza: l'attesa fiduciosa e la promozione di
eventi graditi e favorevoli e anche: convinzione ottimista e fiduciosa nell'essere, come ad esempio: nel vincere una competizione, e nel riuscire positivamente nei vari ambiti della vita.
Per ogni emozione o stato d'animo negativo, ne esiste uno positivo che lo bilancia.

7.1.5.2 APPRENSIONE

Come detto prima, nella scala ascendente della paura, siamo un gradino più su, al timore si aggiunge qualcos'altro e ne deriva che l'apprensione sia uno stato temporaneo d'inquietudine ansiosa, che accompagna il timore di eventi dannosi o sfavorevoli presunti tali e immaginati oppure realistici.

7.1.5.3 PREOCCUPAZIONE

La pre-occupazione consiste in pensieri e stati d'animo anche ansiosi che accadono, prima che ci si "occupi" nel concreto di qualcosa è si tratta di pensieri che ci sono prima che qualcosa accada....ci si occupa in anticipo.

7.1.5.4 INQUIETUDINE

E' uno stato d'animo che è caratterizzato da più elementi bio-psicosomatici: ansia, preoccupazione, irritabilità, agitazione, irrequietezza, turbamento.
Somaticamente possono verificarsi: agitazione con incremento del movimento, accelerazione del battito caridaco e della frequenza respiratoria.
Questo stato d'animo può avere origini e cause ben definite o anche ignote alla persona che lo vive.

L'inquietudine è uno stato d'animo che come dice la parola stessa è caratterizzato da mancanza di quiete, pace e si è insoddisfatti, talvolta pure alla ricerca di qualcosa, senza sapere in modo chiaro e del tutto ben definito cosa; questo stato d'animo è assai diffuso e connaturato all'essere umano e sovente non è patologico, ma un corredo normale dell'esistenza: creativi, artisti e poeti ne sono in genere afflitti e tra questi citiamo: San Francesco, Che Guevara, Martin Luther King, Gandhi, Leonardo Da Vinci, Martin Lutero, Giordano Bruno, la loro inquietudine esistenziale portò loro e noi indirettamente a grandi realizzazioni positive.

Che tutti non abbiano mai avuto pace, questi personaggi, non lo credo, ma che abbiano avuto una vita "movimentata", questo si e un po' di movimento può essere anche salutare.

L'inquietudine può essere normalmente legata a circostanze difficili e svantaggiose da affrontare: ad esempio una cattiva azione commessa (anche con senso di colpa), la consapevolezza di un evento avverso che certamente sta arrivando (c'è stato un terremoto e probabilmente ci saranno altre scosse), il dover decidere per forza tra due scelte entrambe svantaggiose e dover scegliere il male minore.

A volte l'inquietudine consente di uscire e cambiare, in modo benefico, da una situazione esistenziale che è sentita come chiusa, limitante e frustrante.

7.1.5.5 ESITAZIONE

Stato d'animo che è caratterizzato da: dubbio, incertezza, perplessità, indugio.

Questo stato d'animo da luogo a comportamenti che si manifestano nell'attesa e nel prender tempo, sovente il giusto tempo per decidere cosa scegliere e cosa fare.

È un tempo di attesa che spesso serve per chiarire, acquisire più elementi e dirimere dubbi, quando non diventa invece esitazione non risolta e patologica.

In modo naturale, può essere ad esempio l'attimo di esitazione che può

avere un'arciere, prima di scagliare la freccia.....oppure un attimo di esitazione nel dover indicare bene la via.......serve avere un ricordo preciso.

7.1.5.6 TERRORE

Il terrore (che è anche l'esperienza di essere atterrito), è descritto come un sentimento e uno stato psichico di paura o vivo sgomento (turbamento) di maggior durata rispetto allo spavento e che di solito accade di fronte ad eventi e situazioni, si pensi ad esempio ad un attentato, che comporta un improvviso rischio di morte, in presenza di terroristi che sparano.

In presenza di un assalto terroristico, la reazione al terrore consente di: opporsi, chiamare aiuto o fuggire, tutte reazioni positive e utili.

Se pensiamo al termine atterrito, ci vine anche in mente, come comportamento il mettersi "a terra", prendere il contatto con il terreno e stare al sicuro, verificare la situazione e poi decidere cosa fare.

Talvolta anche i sogni possono diventare terrorizzanti, tipo il sognare di cadere improvvisamente in un precipizio e quando i sogni di questo tipo sono frequenti e ricorrenti, è anche indicato rivolgersi ad uno psicoterapeuta qualificato.

In alcune situazioni al limite del vivere (atti di guerra e violenza, omicidi, stupri) il terrore può associarsi all'orrore, che è un sentimento di forte paura e ribrezzo che viene destato da ciò che appare crudele, ripugnante e inaccettabile, in senso fisico o morale.

Abbiamo proposto questi scorci tematici, restando nel campo delle reazioni positive di adattamento in quanto nella maggior parte dei casi le persone, anche nei casi più perturbanti e complessi, con un aiuto adeguato riescono ad attivare i meccanismi di difesa dell'IO e di Sè che servono a superare i traumi.

7.1.5.7 PANICO

Si tratta di una reazione individuale o collettiva, che è in genere caotica e disorganizzata e spesso si manifesta con la fuga di fronte ad eventi reali o anche immaginari.

Il termine deriva dalla divinità greca Pan (Dio delle montagne e della vita agreste, dell'istintività che è anche nel naturale) e indica la presenza di un timore improvviso, oscuro, non definibile, irrefrenabile e non affrontabile.

Da un punto di vista psico-sociale e comportamentale, il panico si manifesta nella patologia da attacchi (o crisi) di panico, che è il più comune e frequente disturbo d'ansia.

I termini usati sono crisi o attacchi, perchè in genere si tratta di eventi improvvisi e imprevedibili da parte della persona.

Di solito gli attacchi di panico sono intensi e brevi, insorgono improvvisamente e anche

inaspettatamente e hanno in genere una durata breve, di circa 10-20 minuti e scompaiono.

Sono molto disturbanti e invalidanti perchè la persona li percepisce come non gestibili e indipendenti dalla propria volontà e fonte di disagio e imbarazzo; per tali motivi il disturbo da attacchi di panico spesso si associa all'agorafobia, che è un sintomo innescato dal disagio e dall'ansia che la persona prova, pensando di potersi trovare in luoghi e circostanze dalle quali è impossibile sia allontanarsi che chiedere aiuto.

Spesso la comparsa dei sintomi è associata a periodi di intenso stress che la persona vive:

- matrimonio o convivenza,
- separazione e lutti,
- perdita o malattia di persone significative,
- essere vittime di qualche forma di violenza,
- problemi finanziari o lavorativi.

I sintomi più frequenti negli attacchi di panico sono i seguenti:

- Palpitazioni/tachicardia (battiti irregolari, pesanti, agitazione nel petto, sentirsi il battito in gola),
- Paura di perdere il controllo o di impazzire (ad esempio, la paura di fare qualcosa di imbarazzante in pubblico o la paura di scappare quando colpisce il panico o di perdere la calma),
- Sensazioni di sbandamento, instabilità (capogiri e vertigini),
- Tremori fini o a grandi scosse,
- Sudorazione,

- Sensazione di soffocamento,
- Dolore o fastidio al petto
- Sensazioni di derealizzazione (percezione del mondo esterno come strano e irreale, sensazioni di stordimento e distacco) e depersonalizzazione (alterata percezione di sé caratterizzata da sensazione di distacco o estraneità dai propri processi di pensiero o dal
corpo)
- Brividi
- Vampate di calore
- Parestesie (sensazioni di intorpidimento o formicolio),
- Nausea o disturbi addominali
- Sensazione di asfissia (stretta o nodo alla gola)
Tra i diversi approcci psicoterapeutici fruibili quello che attualmente sembra avere maggior successo nel caso di disturbo da attacchi di panico, è l'approccio cognitivo/comportamentale.
Farmacologicamente lo specialista, quando è anche psichiatra, può valutare anche la necessità, di prescrivere anche ansiolitici e antidepressivi.
7.1.6 IL DISGUSTO PROTEGGE LA SPECIE DALLE MALATTIE E DALLA MORTE

Il disgusto è un acuto e persistente senso di avversione e di ripugnanza fisica e morale, verso persone e oggetti di varia natura. E' una delle emozioni fondamentali che la specie umana condivide anche con altre specie animali, ad esempio i primati. La smorfia facciale del disgusto la potete immaginare come quella del: bleah, che schifo. E' un rigurgito, un rifiuto, una riluttanza, che quando si manifesta ad esempio nei confronti del cibo è un immediato e istintivo rifiuto e allontanamento dallo stesso. Lo stesso può capitare anche in circostanze relazionali. Per la compresenza nella specie umana e in quelle animali, è una tra le emozioni più indagate scientificamente e anche Freud ci si dedicò. Secondo Freud la percezione del disgusto era così rilevante da essere anche inclusa nei "meccanismi di difesa dell'Io".

Da un punto di vista neurofisiologico, è stato dimostrato, tramite la Risonanza Magnetica Funzionale, che il disgusto ha origine nella parte più profonda e antica del cervello: il corpo amigdaloideo, che fa parte del sistema integrativo-adattativo limbico ipotalamico e per questi motivi è

un'emozione profondamente radicata alla nutrizione fisica ed emotiva e all'istinto di sopravvivenza. Il percorso neurofisiologico poi, dall'amigdala va ai lobi prefrontali ed è un percorso condiviso con l'emozione/stimolo della paura.

Nel 2004 gli studiosi della scuola di Igiene e medicina tropicale di Londra, sono giunti a concludere che il disgusto è principalmente un'esperienza che deriva dall'evoluzione genetica, che serve a proteggere la specie dalle malattie e dalla morte. Nello stesso anno anche ricercatori dell'università dell'Arkansas, dopo prove sperimentali, sono giunti alle conclusioni che il disgusto sia generalmente connesso alle seguenti paure: della sporcizia, delle malattie, delle lesioni e della morte.

Il disgusto psicologico e morale è comunque dipendente anche dagli apprendimenti bio-psico-sociali, partendo da quanto si inizia ad apprendere nell'infanzia.

7.1.7 IL DISPREZZO

Il disprezzo è un sentimento di risoluta, passionale o commiserante svalutazione nei confronti di persone, azioni, oggetti che vengono ritenuti indegni di stima e rispetto o anche inferiori a sè stessi dal punto di vista cognitivo/comportamentale e/o anche morale.

C'ést à dire: che vale poco, che ha poco prezzo.

Chi disprezza, può anche averne valide motivazioni o anche perverse/patologiche in chi ha tendenza,

sempre e comunque a dimostrare agli altri la propria superiorità, anche con ironia e sarcasmo. Il disprezzo è
l'opposto dell'empatia.

L'empatia porta a comprendere l'altro nel suo modo di essere e nelle sue motivazioni; il disprezzo porta a giudicare gli altri in modo negativo sentendosi superiori e anche in diritto di esserlo e farlo.

Anche nel caso del disprezzo, le ricerche hanno documentato che neurofisiologicamente è implicata l'amigdala, che a tutti gli effetti nel cervello umano è una vera e propria "centrale emotiva".

8.0 EMOZIONI SECONDARIE

Seguendo la classificazione ideata da Ekman, descriverò le seguenti emozioni secondarie: ansia, perdono e vergogna e il perfezionismo, essendo collegato all'ansia e alla sofferenza psicologica, quando si manifesta in modo patologico.

8.1 ANSIA

L'ansia è un'emozione che può scaturire da una minaccia reale (ad esempio alla persona) o immaginata, oppure da una minaccia figurata (anche ipotizzata) all'autostima.

Talvolta l'ansia può avere ragioni che non sono evidenti alla persona e in questo caso si può ricorrere anche all'aiuto di uno psicoterapeuta.

Esistono situazioni comuni, in cui molte persone provano ansia, tipo: parlare o esibirsi
in pubblico o dover sostenere un esame o essere sottoposti ad una valutazione personale.

L'ansia è strettamente connessa a: preoccupazione e paura, dalle quali può originare.

Generatori d'ansia possono essere: lo stress, il senso di colpa, attività caotiche e frenetiche, il senso di fallimento, la bassa autostima, il sonno e il riposo irregolari, il senso di fallimento, le frustrazioni personali, rabbia, traumi, perfezionismo, interazioni familiari difficili e problematiche, interazioni sul lavoro difficili e stressanti, problemi finanziari, timidezza e stigma sociale.

Tra i sintomi fisici dell'ansia, possono esserci i seguenti: difficoltà a respirare, iperacidità gastrica e dolori allo stomaco, aumento del battito cardiaco, iperattività o anche ipoattività, aumento della sudorazione, difficoltà digestive, tremori, aumento della diuresi, alterazioni del ritmo sonno-veglia.

Tra i sintomi psicologici invece, possono essere presenti i seguenti: apprensione eccessiva rispetto all'evento reale, nervosismo, difficoltà di memoria, rimuginio/ruminazione, preoccupazione, insicurezza e timore.

Il manifestarsi dell'ansia è fattibile in tutte le età della vita, fanciullezza compresa.

Dal punto di vista farmacologico, per ridurre l'ansia sono disponibili i farmaci ansiolitici che di solito sono benzodiazepine e sono da assumere sotto controllo medico, perché danno dipendenza. Le benzodiazepine danno sollievo e riducono l'ansia, ma non rimuovono la causa della stessa.

L'ansia è una normale risposta della persona, rispetto ad una situazione difficile da affrontare, nella quale la persona deve decidere se "attaccare", andare verso la situazione o "fuggire", allontanandosi.

Da un punto di vista terapeutico, le persone sofferenti d'ansia possono trovare beneficio nell'approccio psicologico cognitivo comportamentale, con la mindfulness, con il training autogeno, con l'ipnosi, mediante il rinforzo dell'autostima.

8.2 IL RISENTIMENTO E IL PERDONO

Il risentimento è un'emozione collegata a sentimenti di: rabbia, indignazione, rancore e oltraggio, perduranti nel tempo, riferiti ad
avvenimenti capitati nel passato.
A volte nel passato la persona può non aver avuto il modo di reagire prontamente e adeguatamente a: torti, offese, ingiustizie ricevute e violenze, così il desiderio di riscatto e di rivalsa si strutturano e possono rimanere anche a lungo, logorando la persona, con pensieri anche
dolorosi e intrusivi, fermi sul passato e sui propositi di vendetta, diventando anche "ruminazioni".
Le ferite del passato possono perciò essere attive anche nel presente, quindi "si ri-sente".
Il risentimento è uno stato emotivo, che quando si prolunga nel tempo diventa una sofferenza psico-sapmatica cronica.
Ad evitare che quanto descriviamo accada, è utile che la situazione che ha creato attrito venga chiarita prontamente, con una reazione adeguata e corrispondente.
Se ciò non accade, la via d'uscita dal risentimento è il perdono.

Se il torto ricevuto è accaduto nel passato e la nostra vita è proseguita ugualmente e nel presente è bella, gratificante e soddisfacente, può essere valutato il processo del perdono, che non è un processo obbligatorio, ma può togliere di mezzo la ruminazione e la rabbia croniche.

Il senso del termine perdono è il seguente: è un atto umanitario di compassione che consente a chi lo attua di localizzare gli eventi del passato, nel passato e che in quanto già accaduti non possono essere modificati.

Perdonare è un atto affettivo/emotivo di coraggio, che consente di accettare quanto è successo, andando avanti.

Chi perdona decide di non dedicarsi più a progetti di rivalsa e vendetta nei confronti dell'offensore.

Per chi voglia intraprendere tale percorso, che frequentemente è complesso e può anche essere lungo, ci sono psicoterapeuti specializzati in questo.

Gli studi e le ricerche di psicologia in questo ambito, sono numerose.

Il perdono può togliere peso e riconfigurare le relazioni, sia per l'offensore che per l'offeso.

Perdonare non significa scusare, condonare, dimenticare, negare il torto subito: consiste invece nel modificare le emozioni negative calde, quali ad esempio rabbia e paura o fredde, quali: evitamento o indifferenza con emozioni e sentimenti di gentilezza, comprensione verso sè stessi e l'altro, abbandono del passato e del desiderio di vendetta o risarcimento.

Nel processo di perdono accade anche, che la persona considerata "colpevole" venga riconsiderata in termini diversi e più positivi e che verrà giudicato non più come essere totalmente spregevole e maligno ma piuttosto un essere umano fallibile e limitato, al pari di sé stessi. Questo modo di vedere le cose potrebbe far realizzare alla vittima che in passato potrebbe, a sua volta, essersi resa responsabile di atti ingiusti e bisognosa e desiderosa di ricevere il perdono.

Perdonare non significa necessariamente riconciliarsi. Ma la riconciliazione non può verificarsi senza perdono. In altre parole, perdonare è una condizione necessaria, ma non sufficiente affinché la riconciliazione tra vittima ed offensore possa avvenire.

Numerosi sono gli studi in psicologia, che evidenziano una connessione tra aumento dell'età e propensione al perdono. I soggetti più anziani sono più inclini a perdonare diversi tipi di trasgressioni e offese, rispetto agli adulti, così come gli adulti risultano più predisposti dei giovani adolescenti.

Questo fenomeno risulta legato agli stadi di sviluppo cognitivo e morale di Kolhberg, per cui inizialmente il perdono è concesso solo dopo una punizione e/o riparazione di un danno, e solo successivamente diviene un processo indipendente e sottostante alla sola visione di una società armoniosa e di amore incondizionato.

Alcuni fattori che aumentano la probabilità di mettere in atto risposte di perdono sono soprattutto: la reciprocità, l'intimità, la fiducia e l'empatia. Nelle relazioni più strette i responsabili di un'offesa sono a volte più disposti a mostrarsi dispiaciuti per quanto hanno commesso, così come le vittime si sentono più invogliate a mettersi nei loro panni ed a perdonarli.

La capacità di perdonare è anche correlata positivamente alla percezione di controllo sull'ambiente e alla consapevolezza di saper riparare, riparazione in senso di potere e capacità personali.

Quando si viene offesi, traditi o aggrediti si sperimenta la perdita di controllo sulla situazione, ma il perdono consentirà di ristabilire il proprio potere sulla situazione e sul saper essere sè stessi in modo adeguato. Sappiamo che l'essere umano deve percepire di padroneggiare l'ambiente circostante per sentirsi: soddisfatto, sicuro e efficace, e quindi per incrementare il suo benessere.

La via che passa dal perdono, alla percezione di controllo personale fino ad arrivare al benessere e alla salute mentale è quindi un processo indiretto ma comunque potente.

Altri fattori che sembrano incidere sulla propensione al perdono sono da attribuire al tempo trascorso da quando si è ricevuta l'offesa, alla gravità del danno subito, al background culturale e ai gruppi sociali d'appartenenza (famiglia, amici, società).

Il processo del perdono sembra passare per diversi elementi, che non devono necessariamente seguire un certo ordine, ma possono essere ripetuti e sperimentati più e più volte prima di giungere allo stadio finale della concessione del perdono.

Una prima condizione è quella della piena espressione delle emozioni. Dopo aver subito un ingiustizia o una violenza, i sentimenti di rabbia, tristezza, dolore devono essere sentiti ed espressi in modo pieno e profondo.

Si possono elicitare direttamente contro l'offensore o soltanto manifestarli in sfoghi personali.

La comprensione dell'evento, di cosa sia successo e perché, sono ulteriori steps che possono essere affrontati diverse volte, prima di riuscire a superare l'accaduto. La spiegazione non deve essere totalmente razionale, ma sembra utile trovare un certo schema in cui inserire l'evento; spesso l'accettazione che sia dovuto al caso è già una cornice sufficiente.

Il passo finale consiste nella decisione di perdonare, ossia nel decidere di non riprendere più in mano l'evento, di non riferirsi più al passato, di superare l'accaduto e di promettere a se stessi di smettere con i pensieri, le attenzioni, le ruminazioni riguardo al torto subito.

In psicoterapia, il perdono sembra essere un mezzo efficace per superare il risentimento, l'ansia e il senso di colpa (si parla anche di perdono verso sé stessi, anche se in questi casi si preferisce utilizzare il concetto di accettazione) é un valido strumento per il trattamento di particolari gruppi di soggetti, come: donne che hanno abortito, individui vittime di abusi sessuali, familiari di alcolisti o di disabili, coppie in crisi o separate, malati terminali.

E' importante comunque evidenziare che il perdono potrebbe rivelarsi pericoloso in alcune situazioni interpersonali. L'inclinazione al perdono è dannosa quando si sviluppano relazioni amorose con partner abusanti ed
aggressivi. In questi contesti, le vittime eccessivamente scusanti tendono a far perpetuare la

condizione di violenza. Anche il perdono va quindi utilizzato con le dovute cautele.

8.3 LA VERGOGNA

La vergogna è un'emozione caratterizzata da: un profondo e amaro turbamento interiore che ci assale quando ci rendiamo conto o riteniamo (a torto o a ragione), di aver agito o parlato in maniera riprovevole o disonorevole violando norme e o convenzioni sociali e perciò ci
riteniamo esposti ad una valutazione sociale negativa, in pratica ci vegognamo dell'essere "svergognati".
Essa è diversa rispetto al senso di colpa, che è più un giudizio personale esterno: esternamente per la società potremo anche aver commesso nulla
di che, mai noi stessi invece, ci sentiamo "in colpa".
La vergogna disturbante, patologica e pervasiva, che mina l'autostima e fa sentire spesso inadeguati in genere deriva da condizionamenti negativi subiti dagli adulti di riferimento nell'infanzia che sbagliando, applicano ingiunzioni e giudizi condizionamenti limitanti personali e propri ai
bambini, spesso senza che ve ne sia una reale e motivata necessità.

Il ricorso a gruppi di auto mutuo aiuto per il rinforzo dell'autostima è una delle tante risorse disponibili e che spesso viene offerta anche gratuitamente.

Anche i gruppi di auto mututo aiuto dei familiari di persone depresse, che soffrono del disagio della vergogna, possono essere di sostegno e utili, per intraprendere azioni positive e di cambiamento.

Talvolta l'emozione della vergogna può avere avuto origine anche in esperienze traumatiche accadute nell'infanzia nell'ambito delle relazioni personali, affettivo/ erotiche e familiari.

La rielaborazione del trauma del passato, è in queso caso necessaria al processo di guarigione e di trasformazione e riscatto di sè e della propria dignità.

Tra i vari approcci terapeutici, anche quello basato sull'ipnosi regressiva, può essere d'aiuto in questi casi.

8.4 IL PERFEZIONISMO

Il perfezionismo è comunemente da intendersi come una tendenza personale che può essere normale o patologica a rifiutare qualsiasi imperfezione.

Il perfezionismo non patologico lo si può riscontrare nelle persone dedite ad attività nelle quali è necessaria la precisione: matematici, fisici, geometri, architetti, ingegneri, medici, musicisti, danzatori, che sono dediti alla ricerca dell'atto efficace e preciso.

Secondo lo psicologo Randy Frost, esistono almeno sei fattori che possono dare origine al perfezionismo:
- paura irragionevole di commettere errori, per non essere mal giudicati e considerati falliti;
- imporsi standards troppo elevati, come nel perfezionismo autodiretto;
- insicurezza di sé e continua, ossessiva verifica dei propri comportamenti, nel timore che siano errati;
- eccessiva ricerca dell'organizzazione e di un sistema ordinato nella programmazione di un'azione, che alla fine comporta il trascurare e a fallire il risultato che si voleva raggiungere;
- eccessive aspettative e pretese da parte dei genitori, che ingenerano il perfezionismo nei figli, che talvolta riescono anche a ribellarsi e ad accusarli di pressioni ingiuste e insostenibili;
- critiche genitoriali derivate dal caso precedente e che possono portare al perfezionismo patologico.

La tendenza comportamentale al perfezionismo, sottrae e disperde energie e genera ansia. Le persone che ne sono affette spesso vivono il disagio di non riuscire mai a fare abbastanza e spesso si sentono anche colpevoli. La preoccupazione per non aver eseguito i propri compiti bene e al momento opportuno può anche essere continuativa.

I timori di non essere graditi, perché ritenuti inadeguati, da parte di: datori di lavoro, colleghi, compagno/a e amici, possono essere presenti.

L'autostima delle persone affette da perfezionismo, può essere turbata e tendenzialmente bassa.

Anche i perfezionisti però hanno delle risorse per poter vivere meglio:

- smettere di paragonarsi e sviluppare una propria vita, apprezzandosi per quello che si è e che si fa;
- diventare aperti alle nuove idee e alle possibilità che allargano gli orizzonti;
- consentirsi di sbagliare, riconoscendo di non essere perfetti, ma solo perfettamente umani, con consolazione, compassione e rispetto di sé.
- orientarsi a osservare i progressi compiuti, piuttosto che gli insuccessi e le difficoltà;
- comprendere di non aver più bisogno di avere sempre ragione, ma che si può trarre beneficio dall'ascolto e dal confronto con altri;
- riconoscere alle persone con le quali si è in relazione, la libertà e il buon diritto di poter sbagliare e gli errori si possono anche correggere;

Poiché il perfezionismo patologico può derivare anche da disagi e traumi infantili, talvolta occorre il tempo adeguato e il supporto di un buon psicoterapeuta per migliorare nel proprio benessere.

CONCLUSIONI

Spero che la lettura sia stata interessante e piacevole e che sai di aiuto nel portare: pace, serenità e armonia nelle Vostre vite e ad ogni essere vivente con cui siete in relazione.

BIBLIOGRAFIA, SITOGRAFIA E RISORSE

Bourbeau, L.. Le cinque ferite e come guarirle. Ed. AMRITA Torino, 2000.

Bourbeau L., Le cinque ferite: nuove chiavi di guarigione. Ed AMRITA Torino, 2015.

Branden N., I sei pilastri dell'autostima, TEA, Milano, 2006. ISBN 978-8850210466

Darwin, C. L'espressione delle emozioni nell'uomo e nell'animale, trad. F.Bianchi Bandinelli, Boringhieri, Torino 1982

D'Urso V., Imbarazzo, vergogna ed altri affanni, Raffaello Cortina, 1990

Enright, R.D., & Fitzgibbons, R. (2015). 9 Forgiveness Therapy. Amer Psychological

Giusti E., Autostima. Psicologia della sicurezza di sé, Sovera Edizioni, Roma, 1995.

Kabat-Zinn J, L'arte di imparare da ogni cosa-100 lezioni di consapevolezza, Corbaccio, 2010

Miceli M., L'autostima, Il Mulino, Bologna, 1998.

Paloutzian, Raymond F. (2010). Forgiveness and Reconciliation: Psychological Pathways to Conflict Transformation and Peace Building. New York: Peace Psychology Book Series

Pandolfi A. M., La vergogna, Franco Angeli, 2002

Rovetto, F. (2003). Panico. Origini, dinamiche, terapie. Milano: McGraw Hill

S. Freud, Il perturbante (trad. it. di Das Unheimlich a cura di Cesare L. Musatti), ed. Theoria, Roma-Napoli 1984, p.16.

Taylor, S. . Disturbi di panico. Monduzzi, 2006.

Worthington, T. y Williams, David R. (2015). Forgiveness and health: Scientific evidence and theories relating forgiveness to better health. New York/London: Springer.

Worthington, E.L., Jr., & Sandage, S.J. (2015). Forgiveness and Spirituality in Psychotherapy: A Relational Approach. Amer Psychological

http://www.emotivianonimi.it

https://progettoitaca.org

www.ingramcontent.com/pod-product-compliance
Lightning Source LLC
Chambersburg PA
CBHW060645280326
41933CB00012B/2164